R. P. LAVY

CAUSERIES

PHILOSOPHIQUES & RELIGIEUSES

1ʳᵉ CAUSERIE

LA VÉRITÉ

PARIS

BUREAUX DE LA « REVUE THOMISTE »

222, Rue du Faubourg Saint-Honoré

1895

R. P. LAVY

CAUSERIES

PHILOSOPHIQUES & RELIGIEUSES

1ʳᵉ CAUSERIE

LA VÉRITÉ

PARIS

BUREAUX DE LA « REVUE THOMISTE «

222, Rue du Faubourg Saint-Honoré

—

1895

CAUSERIES PHILOSOPHIQUES
ET RELIGIEUSES

1re CAUSERIE

LA VÉRITÉ

LE MAITRE.

Mon Fils, te voilà sorti des faiblesses, des ombres de l'enfance ; tu viens de terminer tes études ; tu es libre, jeune, plein de force ; Dieu t'a doué d'une intelligence vive, d'un cœur droit. A quoi comptes-tu, désormais, consacrer ton temps et tes talents ?

LE DISCIPLE.

Maître, vous me posez une question à laquelle je n'ai point encore songé. Ma vie, jusqu'ici, a coulé comme d'elle-même, semblable à ces eaux qui s'en vont tranquilles, suivant leur pente, entre les rives dans lesquelles la nature les a enfermées. Je l'ai laissée ainsi s'avancer, sans me préoccuper de lui donner une direction particulière. Mais je comprends, en effet, que l'heure approche où je devrai moi-même la conduire, et je viens précisément près de vous chercher la lumière qui m'éclairera sur ce point.

LE MAITRE.

Je suis heureux de te trouver dans ces dispositions. Volontiers j'examinerai avec toi quelle est la carrière qu'il te conviendra d'embrasser, quel est le but que tu devras poursuivre ici-bas. Les circonstances, une étude attentive de tes aptitudes et de tes goûts, quelques années de plus sur ta tête, nous le montreront clairement. Mais, en attendant, il est une destination commune à tout homme, une fin que nous sommes tous également appelés à atteindre, vers laquelle il faut tourner tes pensées.

LE DISCIPLE.

Quelle est donc cette fin, Maître?

LE MAITRE.

Cette fin, mon Fils, c'est la recherche, la possession de la Vérité. Tu dois appliquer toute ton âme à la poursuite de ce sublime objet. La vérité doit être, pour toi, une amie, une fiancée immortelle, vers laquelle monteront tes désirs, tes jeunes aspirations. A mesure que tu t'en approcheras elle se découvrira à toi, elle te révèlera sa beauté, elle t'enivrera de son contact céleste. Et si ton cœur lui est fidèle, elle le sera aussi, elle restera en toi et elle sera ta gloire. Elle brillera, en ton âme, comme une vision pure qui ira grandissant; elle fera entendre sa voix au fond de toi, comme un appel mystérieux et permanent vers un monde supérieur à toutes les réalités d'ici-bas.

LE DISCIPLE.

Certes, je serai heureux de consacrer ma vie à la vérité, à cette fiancée immortelle de l'âme, dont vous parlez. Mais, de quel côté me diriger pour la découvrir? Je ne la connais pas, je ne sais rien d'elle.

LE MAITRE.

La vérité n'est pas loin de toi et tu n'auras pas un long chemin à faire pour la rencontrer. Elle t'enveloppe de toutes parts, comme l'atmosphère que tu respires; elle est au fond de toi et c'est elle qui te conduit. Apporte seulement, dans sa recherche, un esprit désireux de la posséder, un cœur pur et prêt à tout sacrifier pour elle, et aussitôt tu la verras apparaître. Tu la trouveras devant tes pas, tu sentiras sa lumière luire partout, autour de toi et en toi.

LE DISCIPLE.

Mon esprit et mon cœur, Maître, sont prêts. Que la vérité se montre donc! Mais, dites-moi vous-même à quels signes je la reconnaîtrai? A-t-elle une figure, un visage? Quels sont ses traits? Quelle est au moins sa nature et sa définition?

LE MAITRE.

La vérité n'a point de figure, elle n'a point de traits particuliers; on ne saurait donc la décrire. Il n'est même pas facile d'en donner, en quelques mots, une définition. Car elle est tout à la fois ce qu'il y a au monde de plus simple et ce qu'il y a de plus grand. Ce ne sera que lentement, à mesure que se poursuivront nos entretiens, que je te la ferai connaître. Si tu le désires, cependant, nous pouvons, dès maintenant, en entreprendre l'étude et chercher à nous en former quelque idée.

LE DISCIPLE.

Je le désire ardemment.

LE MAITRE.

Eh bien, commençons. Et, pour procéder avec méthode, j'envisagerai, tout d'abord, la vérité dans sa notion la plus commune, la plus facile à saisir.

LE DISCIPLE.

Ceci est nécessaire pour un esprit comme le mien, novice encore et peu habitué à ce genre de spéculation.

LE MAITRE.

La première idée, l'idée la plus simple et en même temps la plus grande que tu te doives faire de la vérité, c'est qu'elle est l'*être même.*« Le vrai, a dit saint Augustin, c'est *ce qui est*, le faux c'est *ce qui n'est pas* ». L'être se peut considérer à un double point de vue : hors de nous, dans l'espace qu'il remplit et en nous-mêmes, dans notre intelligence qui le conçoit. Dans les deux cas il est la vérité, la vérité existant en soi mais ignorée, la vérité existant en nous mais connue. En conséquence, veux-tu trouver le vrai, cherche ce qui est ; si tu t'éloignes de l'être, tu t'éloignes par le fait même de la vérité. Comme tu le vois, cette notion du vrai qui est infiniment grande est aussi infiniment simple.

LE DISCIPLE.

Oui, cette notion est simple. Cependant, elle présente pour moi un point obscur. Je comprends aisément que la vérité soit en nous, dans notre esprit, dans nos paroles ; mais je ne vois pas comment elle peut exister dans des choses inanimées et inconscientes. Le mot *vérité*, ce me semble, implique aussi l'idée de connaissance.

LE MAITRE.

Ceci n'est pas rigoureux. Il y a dans les choses une vérité première, fondamentale, qui est la source de la vérité existant dans notre esprit. Elle repose précisément sur leur être, sur leur réalité, et c'est elle qui, entrevue par l'intelligence, force son assentiment, lui fait affirmer *ce qui est*. L'esprit s'éclaire au contact de cette vérité des choses. Au contraire, ce qui par soi n'a pas d'être n'exerce sur lui aucun empire. Un exemple te fera saisir cela aisément : Je suppose que tu te promènes dans la campagne. Tes yeux rencontrent différents objets, une rivière qui serpente à travers des prairies, des rochers qui la surplombent et la couvrent de leur ombre, derrière ces rochers des bois que le vent berce mollement et dont le bruit vient charmer ton oreille, enfin dans ces bois toutes sortes d'animaux, des reptiles, des oiseaux, des bêtes sauvages. Que penseras-tu de ce spectacle? Croiras-tu que tu as devant toi des êtres *vrais* ou des êtres *fictifs?*

LE DISCIPLE.

Évidemment je penserai que je suis en présence d'êtres vrais, d'une vraie rivière, de vraies prairies, de vrais rochers, de vrais arbres, de vrais animaux.

LE MAITRE.

Et, je suppose, au contraire, que ces mêmes objets tu les aperçoives dans un tableau, peints ou dessinés d'une façon quelconque. Croiras-tu encore que ce sont des êtres vrais ?

LE DISCIPLE

Non ! ce ne seront que des imitations de ceux que j'aurai vus précédemment, une sorte de fiction représentant plus ou moins la réalité. Tout ce qu'il y aura de vrai ici, ce ne seront pas les choses elles-mêmes, mais leur représentation. J'aurai sous les yeux un vrai tableau, de vraies images des objets rencontrés dans la nature; mais les objets dans leur réalité et leur vérité n'y seront plus.

LE MAITRE.

Qu'est-ce donc qui te fait dire qu'une chose est vraie ou qu'elle ne l'est pas, qu'elle n'est que fictive ?

LE DISCIPLE.

C'est sa réalité ou sa non-réalité.

LE MAITRE.

Tout ce qui est réel est donc vrai ?

LE DISCIPLE.

Cela n'est point douteux.

LE MAITRE.

Et tout ce qui n'est pas réel est faux ou fictif ?

LE DISCIPLE.

Il me semble nécessaire de le conclure.

LE MAITRE.

Mais alors tu vois, par toi-même, que la vérité est dans les choses, qu'elle se confond avec la réalité elle-même, c'est-à-dire avec l'*être*, et que la définition que j'en donnais tout à l'heure est excellente : *La vérité, c'est ce qui est !*

LE DISCIPLE.

La justesse de cette définition m'apparaît maintenant avec une évidence absolue.

LE MAITRE.

Si la vérité c'est l'*être*, tu dois comprendre qu'elle est partout, qu'elle nous enveloppe de toutes parts. Cette terre où nous sommes est vraie, l'air qui nous entoure et que nous respirons est vrai, la lumière est vraie, les cieux d'où elle descend, les astres dans lesquels elle a son foyer, sont vrais. Tout l'univers est plein de vérité. Et non seulement le visible est vrai, mais l'invisible, mais tout ce qui se cache sous cette forme externe des choses que nos yeux voient, est également vrai. La vérité, telle que nous venons de la définir, forme autour de nous comme un cercle infini dont nous occupons le centre sans pouvoir jamais atteindre la circonférence.

LE DISCIPLE

Je comprends ce que vous me disiez, il y a un instant, que la vérité est tout ce qu'il y a au monde de plus simple et tout ce qu'il y a de plus grand. Elle est tout ce qu'il y a de plus simple, puisque le moindre être, un atome, un grain de sable, un brin d'herbe en contiennent une parcelle, et elle est tout ce qu'il y a de plus grand, puisque dans son orbite elle embrasse toutes choses, aussi bien l'invisible que le visible, aussi bien l'infini que le fini.

LE MAITRE.

Mais la vérité n'existe pas seulement dans les choses, elle a une seconde existence dans l'esprit. L'être, en ce monde, ne se sépare pas de l'esprit; il est, pour lui, ce que les objets externes sont pour nos yeux. Comme ces objets se réfléchissent dans nos yeux, dès qu'il s'ouvrent vers eux, ainsi la vérité des choses se réfléchit dans notre âme, dès que nous la considérons. Elle y engendre une seconde vérité qui n'est rien autre que son expression, sa manifestation. L'être est vrai, mais il ne le sait pas ; au contraire, l'esprit, le considérant, sait qu'il est et qu'il est vrai. En sorte que la vérité de cet être se trouve exister en lui à nouveau, mais cette fois comme connue, comme manisfestée. On peut donc dire que, si la vérité dans les choses c'est l'*être même*, la vérité dans l'esprit c'est la *manifestation de l'être*. Il faut même observer ici que cette reproduction des choses dans l'esprit n'est proprement vérité qu'en raison de sa conformité avec l'objet qu'elle traduit, qu'elle manifeste. Si la réalité externe n'est pas reproduite en nous exactement telle qu'elle est ; s'il vient à s'y glisser une ombre, un défaut quelconque, l'erreur se mêle aussitôt à nos pensées. La vérité, dans ce cas, n'est plus en notre âme que d'une manière très imparfaite, très incomplète et encore entachée d'erreur. C'est ce qui a inspiré à un ancien philosophe cette autre définition du vrai fort remarquable : « La vérité, c'est l'adéquation de l'intelligence et de la réalité. — *Adæquatio intellectus et rei !* »

LE DISCIPLE.

La vérité qui est dans notre esprit ferait ainsi écho à la vérité des choses. Il y aurait, en ce monde, comme deux grandes voix se répondant : la voix qui retentit dans l'espace et se confond avec les choses mêmes ; la voix qui retentit dans l'intelligence et qui est une sorte d'expression réfléchie de la réalité. La vérité serait dans leur accord.

LE MAITRE.

Ta réflexion est fort juste. La vérité, pour nous du moins, est dans l'accord de nos pensées avec la réalité. C'est cette vérité intérieure que nous devons nous appliquer à posséder. La vérité du dehors ne dépend pas de nous, nous ne pouvons ni la diminuer ni l'accroître ; celle qui se forme en nous dépend de nous et il nous est loisible de l'augmenter indéfiniment. C'est elle qui fait la richesse de notre âme. Lorsqu'elle nous met en relation avec le monde externe, avec toutes les choses visibles ou invisibles, elle nous permet d'entrer en possession de tout. Qui dira jamais la beauté dont elle orne l'esprit, les grandeurs qu'elle lui apporte! Rien n'est beau comme la lumière. Sans elle les choses ne présentent aucune harmonie, aucun éclat ; mais dès qu'elle paraît, tout se transforme, tout s'anime, tout s'embellit. Si cela est vrai de la lumière externe, que sera-ce donc de cette lumière intérieure et toute spirituelle de la vérité se répandant en notre âme ! Malheureusement nous ne la possédons ici-bas, que très imparfaitement. Comme nous ne saisissons les objets que peu à peu, elle ne fait, pour ainsi dire, que poindre en notre esprit pendant cette vie. Elle se forme en nous comme un jour qui se lève, qui monte lentement et qui, à mesure qu'il grandit, nous apporte la révélation des choses. Jour admirable dont nous n'apercevons encore qu'une aube pâle, mais qui doit croître jusqu'à ce qu'il arrive à la splendeur de son midi.

LE DISCIPLE.

La vérité, en effet, va grandissant dans ce monde.

Elle croît tous les jours en chacun de nous, quand nous la recherchons, et surtout elle va se développant dans l'humanité d'une manière indéfinie. L'esprit de l'homme fait sans cesse de nouvelles conquêtes ; il soulève de plus en plus le voile qui lui cache le mystère des choses. Cependant si l'on peut considérer les quelques connaissances acquises par nous ici-bas comme une sorte d'aube qui va grandissant, quel espoir pouvons-nous avoir que cette lumière imparfaite atteigne jamais sa perfection, que nous arrivions jamais au plein midi de la vérité ?

LE MAITRE.

L'homme, dans ce monde, ne connaît les choses que d'une manière toute superficielle et comme par parcelles. Pascal a dit très justement, en parlant de notre science terrestre : — « Nous ne savons le tout de rien. » — Cependant, cela ne prouve point que le sanctuaire où la vérité se montre dans tout son éclat nous doive être à jamais fermé. Si, ici-bas, nous ne savons le tout de rien, de tout nous savons quelque chose. Nous avons comme un premier regard sur le tout, sur l'emsemble de la vérité. Mais ce premier regard ne nous suffit point et il y a au fond de nous le désir invincible de tout connaître. La vérité appelle la vérité ; l'abîme appelle l'abîme. Plus notre intelligence s'avance dans cette lumière, plus elle s'y abreuve, plus elle en a soif. Or, ce fait tend à prouver que l'homme est appelé à la posséder, dans l'avenir, tout entière. Ce doit être là le terme de l'évolution de l'esprit humain, le but suprême et dernier après lequel tout en nous aspire.

LE DISCIPLE.

Vous croyez, Maître, que l'esprit de l'homme est fait pour posséder une science totale de l'être, et qu'un jour il a chance d'y parvenir ?

LE MAITRE

Oui, je crois cela, et toi-même tu l'admettras aisément, si tu veux être attentif à ce qui se passe en ton âme, aux questions qui s'y posent, aux désirs que ces questions éveillent. Examine ton intelligence, interroge ton cœur, descends au fond de toi et tu verras que celui qui t'a créé a formé ton être pour la lumière, pour la possession totale du vrai. Comme nos yeux sont ouverts sur l'ensemble de la nature et aspirent à la voir, notre intelligence est ouverte sur l'universalité des choses et aspire à l'embrasser. Le problème grandiose de l'*être*, c'est-à-dire de la *vérité totale* se dresse devant elle. Il se présente non comme une question résolue, mais comme une question posée. Or, tout problème veut une solution, toute question demande une réponse. L'intelligence elle-même la demande et naturellement la cherche cette réponse, et elle ne se reposera que là où elle l'aura trouvée. On peut ramener tout ce qui est à trois grands termes : l'être matériel, c'est-à-dire l'univers ; l'être immatériel, c'est-à-dire l'esprit créé ; et l'être source des autres, principe de la matière et de l'esprit, c'est-à-dire Dieu. Toute la vérité qu'il est possible de connaître est comprise dans ces divisions. Eh bien, interroge ton intelligence et ton cœur ; crois-tu qu'ils puissent rester indifférents devant ces grands objets ? Penses-tu que ton esprit puisse n'avoir aucun souci des questions suivantes : — Qu'est-ce que l'univers ? Qu'est-ce que l'homme ? Qu'est-ce que l'esprit créé ? Qu'est-ce que Dieu ? Ces questions, au contraire, ne sont-elles point comme naturellement posées en toi ? Ton intelligence n'en désire-t-elle pas la solution ? Et penses-tu qu'elle s'arrête jamais de chercher, jusqu'à ce qu'elle leur ait trouvé à chacune et à toutes, une réponse capable de la satisfaire pleinement ?

LE DISCIPLE.

Je le confesse, bien souvent ces problèmes se sont présentés à moi d'une façon intense. Quel est l'homme, du reste, quel est même le jeune homme ou l'adolescent qui, se plaçant en face de l'univers, soit dans la clarté d'un jour splendide, soit dans le silence d'une nuit étoilée, ne s'est pas dit : Qu'est cet univers ? Qu'est ce soleil qui lui sert de flambeau, qui, ici-bas, éclaire et anime toutes choses ? Que sont ces étoiles, que sont ces mondes innombrables qui roulent dans le firmament ? Qu'est cette terre qui nous porte, de laquelle, par un insondable mystère, nous sommes sortis et dans laquelle nous devons rentrer ? Tous ces êtres, qui les a faits ? Qui les a placés là ? Quelle main les conduit, les maintient dans leurs orbites infranchissables, faisant régner au sein de leurs mouvements une immuable et sublime harmonie ? — Et quel est l'homme qui, se mettant en face de son propre être, de sa propre existence, ne s'est pas dit encore : — Moi-même, atome emporté dans le tourbillon universel, que suis-je ? Qu'est cet esprit qui pense en moi, qui aime, qui souffre, qui jouit, qui, jetant un regard par delà le tombeau, sent palpiter en lui des espérances d'immortalité? Qu'est ce corps auquel il se trouve lié, qui lui sert de vêtement, qui l'accompagne comme son ombre, sa manifestation extérieure? Apparence misérable qui doit périr! Ces deux principes si dissemblables, qui les a formés? Qui les a unis ensemble? Quelle puissance invisible a allumé le flambeau de la vie humaine? Et cette vie elle-même, quelle est sa source première, quel est l'abîme dernier dans lequel elle va se verser? Enfin, qui donc ne s'est posé aussi le problème suprême : — Dieu est-il? Qu'est-ce que Dieu? Pourquoi et comment a-t-il créé le monde? Quels sont ses desseins sur l'univers et sur nous?—Toutes ces questions, je le répète, se sont présentées à moi souvent, elles ont sollicité mon âme, versant en elle l'inquiétude et l'angoisse. Mais, je m'en suis éloigné, n'espérant point les résoudre, les trouvant trop hautes pour mon intelligence. L'homme, ce me semble, n'a ni le pouvoir, ni même le droit de sonder ces mystères. Il profane la vérité en cherchant à l'enfermer dans son faible esprit. Quoi qu'il fasse, d'ailleurs, en aura-t-il jamais une solution dernière, et n'est-il pas plus juste de penser qu'il est condamné à ne s'avancer dans la vie qu'à la faveur d'une lumière incertaine, emporté dans le courant d'événements qui ne sauraient dépendre de lui?

LE MAITRE.

Ces pensées, mon Fils, ne sont point justes. Puisque ces problèmes sont posés devant nous, puisqu'ils sollicitent si vivement notre esprit, il est nécessaire qu'ils soient résolus un jour. La vérité, après laquelle tout en nous aspire, nous doit être manifestée tôt ou tard. S'il en était autrement, la nature, ou plutôt Dieu lui-même auteur de la nature, nous eût trompés. Il aurait formé en notre âme des désirs qui ne peuvent être réalisés; il aurait creusé au fond de nous un abîme que rien ne saurait combler. Et pourquoi aurait-il agi ainsi? Pour égarer sa créature? Pour la faire souffrir? Pour remplir son faible esprit d'angoisses infinies? Mais qui ne voit que de pareilles suppositions sont impies et absolument inadmissibles! Rien n'existe en vain, dans ce monde, tout y a son intention, sa raison d'être; tout, en même temps, y est œuvre de justice, de bonté, de divine libéralité. Ces désirs, ces tendances innées de notre être et de nos facultés ne doivent donc pas être regardées comme des choses vaines. Il faut y voir plutôt les signes éclatants de la grandeur de la destinée qui nous est faite. Ce sont comme des *postulata* divins, que le Créateur a formulés en nous et dont il se réserve de tirer, à l'heure marquée par sa Providence, la conclusion dernière. Ainsi, sois assuré que la vérité se montrera à nous, dans l'avenir, tout entière. Sois assuré qu'un jour, si du moins nous sommes fidèles aux desseins divins, notre esprit aura une réponse satisfaisante à tous les problèmes qu'il se pose, qu'il parviendra enfin à saisir, dans une pure lumière, la vaste synthèse des choses.

LE DISCIPLE.

Mais encore, pourriez-vous me dire quand se réalisera pour nous un pareil idéal? Sera-ce dans cette vie, sera-ce dans une autre vie? Dans la vie présente, je n'en vois point la possibilité. Comment l'homme espérerait-il atteindre, ici-bas, toute vérité, lui dont les facultés sont si faibles que ce n'est même pas le vrai, mais une certaine apparence du vrai qu'elles parviennent à saisir péniblement ? Que savons-nous sur cette terre ? Rien ou presque rien. Quelle certitude avons-nous des choses ? Aucune. Nous marchons comme à travers des ténèbres, incertains de notre but, ignorant notre chemin, ballottés sur l'océan des choses, semblables à un navire sans boussole et sans gouvernail. Qui pourra nous persuader que cette vérité, si longtemps ignorée du monde, lui sera enfin montrée ? Comment, les yeux de l'humanité, fermés pendant des milliers d'années, s'ouvriront-ils à des clartés jusque-là inconnues pour elle ? Voilà autant d'objections auxquelles je ne vois aucune réponse. Dira-t-on, maintenant, que c'est dans une autre vie que la vérité qui nous a été cachée sur cette terre, nous doit apparaître ? Et quelles preuves nous en donnera-t-on ? Certes, je ne voudrais point trahir les saintes espérances que nous portons en nous ; mais, tout en les gardant précieusement au fond de nos cœurs, pourrons-nous nous dissimuler qu'elles s'enveloppent pour nous d'une obscurité profonde. Hélas ! l'obscurité est telle que, pour un grand nombre d'hommes, ces espérances n'existent même pas. Non seulement ils s'avancent, ici-bas, comme à tâtons dans une nuit épaisse : mais, au bout de la triste route dans laquelle ils se sont engagés, ils n'aperçoivent qu'une seule chose, la porte inexorable du tombeau sur

* *

laquelle, à l'exemple du poète Florentin, leur esprit tremblant lit les paroles fatales :

Lasciate ogni speranza, voi che'ntrate!

LE MAITRE.

Il y a quelque vérité dans le tableau que tu traces de l'état d'esprit des hommes, en cette vie. Mais ta jeune imagination en charge beaucoup trop les couleurs. Nous ne sommes point, même sur cette terre, si privés de lumière que tu veux bien le pré_ tendre. Dieu qui a fait l'homme pour la vérité ne la lui a jamais refusée ; il la lui a, en tous temps, manifestée d'une manière suffisante pour ses besoins et pour la conduite de sa vie. Si, en ce monde, nous ne saisissons pas parfaitement l'ensemble des réalités, nous pouvons au moins l'entrevoir. Tous les jours la science révèle à l'homme quelque chose de l'Univers ; tous les jours la philosophie le révèle davantage à lui-même. Quant à Dieu, il ne cesse de se manifester dans la nature, dans l'histoire, dans le cœur humain et même directement, en conversant avec quelques hommes privilégiés, bouche à bouche et cœur à cœur. C'est blasphémer tout à la fois la science, la raison et la Providence divine que d'affir-mer que l'homme, ici-bas, ne peut arriver à aucune certitude de la vérité. Sans doute la connaissance qu'il en acquiert reste très imparfaite ; mais qu'im-porte si elle suffit pour lui montrer son but, le guider dans le chemin qui y mène ? Quand tu marches la nuit, à la clarté de la lune et des étoiles, ou même à la lumière d'une lampe que tu tiens à la main, tes pas sont moins assurés que dans le jour. Pourtant le faible flambeau que tu portes t'éclaire encore et te permet de suivre ta route. Il en est de même de la science de ce monde, de la vérité telle que nous la possédons ici-bas. Elle est faible, imparfaite, sa lumière est toute vacillante peut-être, mais elle suffit à nous guider tant que nous cheminons sur cette terre.

LE DISCIPLE.

Ceci est bien pour nous qui appartenons à une classe éclairée, qui avons eu le loisir d'étudier et d'apprendre ; ceci est bien encore quand on parle des peuples sur lesquels luit le flambeau de la civilisation. Mais, combien d'hommes, même au sein de nos sociétés, et combien de peuplades lointaines, n'ont jamais vu se lever sur leur esprit la lumière du vrai.

LE MAITRE.

Dieu qui prépare, dans l'univers, à tout être, même le moindre, sa nourriture de chaque jour, qui fait pénétrer jusqu'au dernier des vivants, soit qu'il habite le fond des abîmes des mers, soit qu'il se trouve perdu dans les contrées les plus éloignées de l'air, le rayon de soleil qui l'échauffe, qui l'éclaire et le guide. Dieu, dis-je, n'a pu oublier, ici-bas, aucune intelligence. Il doit envoyer à toutes assez de lumière pour qu'elles puissent vivre, s'avancer vers le but qu'il a assigné à chacune. Comment s'exerce cette providence ? Qui mesurera le degré de clarté nécessaire à chaque conscience pour se conduire ? Nous ne pouvons le comprendre. Tout est infiniment relatif aux différentes natures, aux différents individus. L'aigle, pour diriger son vol audacieux, demande la splendeur des midis ; le hibou déploie ses ailes la nuit dans la clarté pâle de la lune ou des étoiles. Il y a des consciences dont le regard ressemble à celui du roi des airs, il en est dont la vue n'a besoin, comme l'oiseau nocturne, que d'une lumière affaiblie. Pourvu que chaque intelligence la reçoive dans la proportion de ses besoins, elle n'a rien à réclamer à la divine Providence. Il est vrai que beaucoup d'individus ici-bas, semblables à un homme qui éteindrait sa lampe dans la nuit, étouffent la voie de leur conscience, se refusent à marcher dans sa lumière. Ce n'est pas la faute de Dieu si de pareils crimes sont commis, si l'on voit des êtres s'avancer sans le flambeau qui leur avait été mis dans la main, et si, comme conséquence de cette conduite, des peuples entiers entraînés dans l'erreur finissent par rester immobilisés dans les ténèbres et dans l'ombre de la mort. Le Tout-Puissant fera un jour justice de ces choses. Ce que nous devons ici proclamer hautement, c'est que, comme loi providentielle, générale, une lumière suffisante a été donnée, en ce monde, à chaque homme et à toute l'humanité.

Cependant, je me hâte de le dire aussi, cette vérité terrestre, quelque grande qu'elle ait pu être ou qu'elle soit encore, n'est point la vérité pleine, la vérité dernière que nous devons saisir. Elle n'est que le crépuscule matinal, l'aube du jour splendide qui doit se lever. La vie présente n'est qu'un commencement de vie. Ou plutôt, elle n'est pas une vie, mais une voie vers la vie. Notre nature intellectuelle n'y arrive point à sa perfection, elle y tend seulement. Notre esprit enveloppé dans les organes du corps ressemble à l'être en formation. Il vit, mais ce n'est pas dans sa forme définitive, il est manisfestement appelé à un état différent et plus parfait. De là vient que nous ne pouvons pas compter saisir ici-bas la vérité totale. Notre intelligence ne fait qu'entrer dans le chemin du vrai, elle s'y avance lentement et péniblement. Mais cet état présent des choses, je le répète, n'enlève rien aux certitudes de l'avenir; au contraire, il les requiert, il les démontre. C'est le germe déjà en pousse, c'est la tige nouvelle et féconde qui contient en espérance la moisson future. L'humanité tout entière porte au fond d'elle-même le sentiment de cette vérité. Il y a chez tous, la vague conscience d'un état meilleur auquel nous sommes appelés, un fond de foi et d'espérance indestructible, comme une flamme immortelle et sacrée qu'on peut bien couvrir de cendres, mais que rien ne parvient à étouffer entièrement. Et c'est cette force divine qui mène l'homme, le soutient dans ses défaillances, le relève de ses chutes, et fait que toujours il reprend son chemin et, regardant l'avenir, continue de s'avance vers des progrès nouveaux.

LE DISCIPLE.

Et quel est le devoir de l'homme vis-à-vis de cette vérité totale qu'il est appelé à voir un jour? Doit-il de lui-même tenter de la saisir? Ou, suffit-il de recueillir, en cette vie, les quelques rayons qui se présentent à nous, attendant l'heure où elle viendra, où elle se manisfestera pleinement à notre esprit?

LE MAITRE.

La vérité ne viendra pas à toi si tu ne vas pas à

elle ; elle ne se révèlera pas à ton âme si tu ne la cherches pas avec effort. Et il ne suffit point, pour la posséder, d'en recueillir quelques traits, c'est elle tout entière qu'il faut tenter de saisir. La vérité, c'est l'être dans son sens universel et absolu. Celui qui ne connaît que quelques êtres ou quelques objets particuliers, qu'un ordre parculier de choses, ne possède aussi que des vérités partielles. Mais, si un homme veut connaître la vérité elle-même, la vérité totale; s'il veut, au moins préparer son esprit à la voir un jour, il faut qu'il cherche à saisir tout l'ensemble de l'être. Il ne doit pas craindre de confier la barqu ; fragile de son esprit à un océan qui n'a point de rivages.

LE DISCIPLE.

Quel intérêt, cependant, peut-il y avoir pour nous à connaître toutes choses ? Que m'importent à moi les myriades d'existences qui s'agitent au sein des nébuleuses perdues au fond des cieux ? Que m'importe même, en nous bornant à ce globe que nous habitons, la multitude des êtres ou des choses qui n'ont aucun rapport à ma vie ? Ils naissent, ils vivent, ils meurent, ils apparaissent et disparaissent sans que je m'en soucie, sans que leur existence ou leur non-existence soit de nature à exercer sur moi la moindre action. Pourquoi donc m'inquiéterais-je de les connaître ? Pourquoi fatiguerais-je mon esprit à acquérir des sciences qui ne peuvent servir qu'à satisfaire une vaine curiosité ? Le temps de la vie n'est-il pas trop court, la vérité elle-même trop difficile à conquérir, pour que nous ayons le droit de disperser ainsi nos forces? Il doit nous suffire de nous occuper de nous-mêmes, de nous connaître, comme disait l'antique sagesse, de posséder assez de lumière pour éclairer nos faibles pas sur cette terre. La science de l'homme et de ce qui peut intéresser l'homme, n'est-ce point tout ce que nous pouvons et devons désirer connaître ici-bas ?

LE MAITRE.

Il n'existe rien nulle part, qui soit absolument étranger à l'homme, absolument indifférent pour lui. Tu es un être, cela suffit pour qu'il y ait en toi un lien de parenté profond avec tous les êtres matériels ou immatériels, visibles ou invisibles. Par conséquent la connaissance d'aucune chose n'est sans intérêt pour toi. L'ensemble de l'univers est comme une symphonie merveilleusement belle. Il n'y a pas une note, dans cette symphonie, qui ne soit particulièrement agréable à entendre, qui ne concoure à l'harmonie générale. Un jour quand nos facultés se seront agrandies, quand notre intelligence aura acquis toute son ampleur possible, nous saisirons le tout de l'œuvre divine et nous comprendrons que dans ce tout rien en effet ne nous est indifférent. Nous sentirons notre être vibrer sous l'impression des choses comme l'instrument sous l'archet. Dès ce monde même nous éprouvons quelquefois une perception de ce lien intime qui nous lie à tous les êtres existants. Quand le voyageur rencontre par hasard, dans un climat lointain, sur les plus hauts sommets d'une montagne dont il a péniblement accompli l'ascension, une fleur solitaire, un brin d'herbe d'une forme qu'il n'a pas encore vue, dont la connaissance n'est peut-être pas encore acquise, il se sent tressaillir soudain d'une émotion indéfinissable. Cette fleur est pour lui un être nouveau, comme une petite sœur de son âme heureusement reconnue sur cette cime escarpée. Quand le savant, après de longs labeurs, découvre enfin une loi longtemps cherchée, cette loi fût-elle seulement une de celles qui régissent les moindres choses, il tressaille aussi, et au fond de lui-même il s'écrie avec transport comme autrefois Archimède : J'ai trouvé ! Pourquoi ces émotions s'il pouvait se rencontrer pour nous des choses indifférentes ? Mais non, rien ne nous est indifférent, il nous importe de tout connaître, la vérité, celle qui nous intéresse réellement, ce n'est pas particulièrement ceci ou cela, c'est tout. Et c'est s'exposer à s'ignorer soi-même que de commencer, de parti pris, à vouloir ignorer quelque chose.

Cependant, ta réflexion ne manque pas de justesse. Ce qu'il faut avant tout que nous connaissions, c'est nous-mêmes. La science par excellence, j'oserais presque dire la science unique, c'est celle qui doit nous éclairer et nous conduire. Mais cette science nous la trouvons partout, tout nous peut servir à l'acquérir. La chose dépend uniquement du point de vue dans lequel nous nous placerons. Ce serait folie à l'homme d'apprendre simplement pour apprendre, il doit étudier toutes choses pour lui-même, pour la direction de son esprit et de son cœur. C'est la science de la vie qu'il doit finalement former en lui, par laquelle il doit couronner tout son travail. L'homme ici doit imiter l'abeille. Elle a devant elle la terre entière,

la plaine et les monts, elle rencontre dans son vol
mille fleurs épanouies, elle se pose sur toutes ;
mais elle n'en recueille le pollen, et elle n'en puise
le parfum, qu'en vue de son rayon de miel. Un
instinct naturel, une sorte de sagesse pratique la
guide, de telle sorte qu'elle ne fait aucun travail
inutile, rien qui ne concoure au but poursuivi. Eh
bien, nous aussi, emportés sur les ailes de l'esprit,
nous pouvons parcourir le monde, nous poser sur
toutes les fleurs, butiner partout l'éclat et le parfum du vrai, mais il faut toujours que ce soit
dans la vue de notre rayon de miel, c'est-à-dire
de cette science de la vie, que je regarde comme
l'unique science. Si je t'invite à chercher partout
le vrai et à tout connaître, c'est donc pour que
tu te connaisses toi, que tu pénètres de plus en
plus le secret de ton être, de ta destinée merveilleuse. Je ne veux point t'égarer dans des études
inutiles. J'appelle vérité, sans doute, tout ce qui
est ; mais tout ce qui est doit être regardé dans son
rapport, dans son harmonie avec la vie humaine.
Voilà le sublime objet que je t'engage à contempler,
et en réalité cet objet c'est toi, ou plutôt c'est
l'homme vu non seulement en lui-même, mais dans
le miroir des choses, c'est-à-dire, dans le vaste
milieu qu'il occupe, dans le vaste ensemble dont il
fait partie. Je ne veux pas que ta science soit étri-
quée et mesquine, je désire qu'elle soit large comme
cette lumière que Dieu a répandue autour de nous
avec une profusion infinie.

LE DISCIPLE.

Maintenant, maître, je comprends parfaitement
votre pensée, je vois ce qu'est l'admirable vérité

que vous m'invitez à poursuivre. Mon esprit a cessé
d'hésiter. Le but m'apparaît rayonnant et sublime.
Servez-moi de guide et je me hasarderai sans crainte
après vous sur l'océan des choses. D'abort je tâche-
rai de connaître cette vérité de la terre dont vous
disiez tout à l'heure qu'elle est le crépuscule matinal
annonçant le jour qui approche. Même imparfaite,
elle me paraît encore assez belle pour que je con-
sacre tous mes efforts à la posséder. Les clartés
timides des nuits ont souvent un charme qui le
dispute à la splendeur des jours. La pâleur de la
science de ce monde ne me voilera point sa beauté
et n'empêchera pas que je la poursuive avec ardeur.
Oui, je veux la chercher, je veux la connaître, je la
veux posséder, je ne veux avoir d'autre ambition
que sa conquête. C'est avec une joie sans mélange,
avec un tressaillement intime et profond, que je
vois se dessiner devant moi la perspective d'une
vie tout entière consacrée à ce but. Et en travaillant
à acquérir cette vérité de la terre, je n'oublierai pas
que ce qu'il y a de meilleur en elle, c'est la science
de nous-mêmes, la science qui, éclairant nos pas
en ce monde, nous aide à devenir meilleurs. Je
veux en effet, par cette poursuite ardente du vrai
dans une vie pure, me rendre digne de contempler
plus tard l'éternelle vérité, digne de voir se lever,
pour mon esprit, ce jour tant désiré que vous
m'annoncez, dans lequel ne se mêle aucune ombre
et qui ne doit point avoir de déclin.

LE MAITRE.

Je ne saurais t'engager trop vivement, mon fils, à
rester ferme dans ces résolutions. Là est le vrai but
à poursuivre, là est le vrai chemin dans lequel il

faut s'engager, et j'ajouterai là est la vraie vie. La vérité, même ici-bas, n'est point seulement une lumière pour notre esprit, un guide pour nos pas. Elle est une force, elle est une nourriture, elle alimente et elle anime l'âme elle-même. La vérité est la propre vie de l'esprit. Commencer de la connaître, c'est seulement pour lui commencer de vivre; s'avancer dans sa possession, c'est s'avancer dans la vie, la posséder tout entière, c'est posséder la vie pleine et éternelle.

LE DISCIPLE.

Hé quoi, l'esprit de l'homme n'a-t-il point la vie en lui? N'est-il pas, par son essence, immortel? Et quel besoin peut-il ressentir d'un principe étranger pour produire, pour alimenter, pour développer ce qu'il possède déjà?

LE MAITRE.

L'esprit humain est immortel quant à sa substance; cependant, il ne suit pas de là qu'il se suffise à lui-même, qu'il puisse vivre de lui seul. Aucun être créé, ni sur la terre, ni dans le Ciel, ne se suffit. Les créatures non seulement sont limitées et finies, mais leur fond ressemble à une capacité vide qui demande d'être remplie. Ce vide est même d'autant plus grand chez un être que celui-ci occupe un rang plus élevé dans l'échelle universelle. A ce point de vue l'esprit est plus indigent que le corps, il a plus de besoin. Ce qui remplit le corps, ce qui soutient sa vie, c'est la nourriture, c'est le pain dont il s'alimente. Ce qui remplit et soutient l'esprit, c'est la vérité qui est aussi pour lui une sorte de pain immatériel et mystérieux. C'est pour cette

raison que Jésus-Christ, dans l'Évangile, dit que :
— « L'homme ne vit pas seulement de pain, mais
de toute parole qui tombe de la bouche de Dieu. »
Cette parole tombant des lèvres divines et qui sert
d'aliment à l'âme, je le répète, c'est la vérité.

LE DISCIPLE.

J'ai souvent entendu citer cette maxime du
Christ ; mais j'avoue n'y avoir jamais vu autre
chose qu'une métaphore, comme il y en a beaucoup
dans l'Évangile. La vérité éclaire l'esprit puisqu'elle
lui fait connaître les choses. De là à dire qu'elle le
nourrit comme le pain nourrit le corps, n'y a-t-il pas
un abîme ? Et comment comparer ensemble des
choses d'ordre si différent, l'esprit et le corps, la vie
et la nourriture de l'un et de l'autre ?

LE MAITRE.

Il y a entre ces choses des rapports très profonds.
La loi de nutrition que nous voyons présider ici-
bas au développement de la vie des êtres est universelle. Elle s'applique aussi bien au monde des
esprits qu'au monde des corps. Que dis-je ? l'aliment
dont les différentes créatures se nourrissent, le
banquet où elles sont assises est au fond le même.
Cette nourriture c'est l'*être*, ce banquet c'est l'*Univers*. Jette un regard sur ce monde, observe la
manière d'être et de vivre des créatures qui le remplissent, tu les verras toutes également suspendues
au vaste sein de la nature, leur mère universelle, et
y buvant la vie. Il n'y a entre elles que des diffé-
rences de modes et de degrés.

LE DISCIPLE.

Comment, entre l'être matériel et l'être immatériel ; entre le corps et l'esprit vous ne placez pas d'autres distances ?

LE MAITRE.

Non ! celles-ci suffisent.

LE DISCIPLE.

Mais quels sont donc ces modes et ces degrés qui seuls, selon vous, divisent les choses ici-bas ?

LE MAITRE.

Il est aisé de te les faire connaître. Retiens bien d'abord le principe général qu'il s'agit de mettre en lumière : c'est que tout être créé vit de sa communion à ce monde dont il fait partie. On distingue communément, dans la nature, quatre sortes d'êtres, quatre grands règnes : l'être inanimé ou minéral ; l'être possédant déjà un commencement de vie ou végétal ; l'être chez qui la vie terrestre et matérielle atteint sa plénitude, à savoir l'animal ; enfin l'homme, qui à la vie inférieure et sensible joint la vie immatérielle de l'esprit. Eh bien, ces quatre sortes d'êtres communient également à cette grande nature qui les enveloppe et vivent d'elles sous des formes différentes.

LE DISCIPLE.

J'avoue que j'ai hâte de voir dans les faits l'application de cette loi.

LE MAITRE.

Le minéral, atome, molécule, corps inorganique, est inanimé. Cependant il possède déjà en lui quelque chose qui ressemble à la vie, c'est sa forme et surtout son mouvement. — Le mouvement, dans les choses inanimées, dit très justement saint Thomas d'Aquin, est une certaine similitude de la vie. — Or ces deux choses, qui sont ce qu'il y a en lui de plus parfait, de plus élevé, puisque tout le reste n'est que matière et inertie, il le tient de sa communion à la vaste nature. Tout ce qui existe ici-bas, aussi bien la molécule, que le corps inorganique, et même ces admirables arrangements des corps qui constituent les globes et les systèmes stellaires, a été engendré, formé, façonné à son heure et animé de son mouvement particulier, sous l'action et l'impulsion de l'ensemble de l'Univers. La nature tout entière agit, pèse sur chacun des êtres qui remplissent son sein et elle les compose à la manière dont les mères forment en elles-mêmes l'enfant qu'elles portent. C'est ainsi que tout dans ce monde a été produit.

Mais le minéral ne fait que recevoir passivement la forme, le mouvement qui sont en lui. Il n'a pas, en dehors de ce qui lui est donné, d'activité propre. Il ne se meut pas de lui-même, et c'est précisément pour cette raison qu'il ne vit pas. Il existe et se meut au sein de la nature, dont il dépend entièrement, mais on ne peut dire que proprement il communie à la nature. Cette communion ne se rencontre que chez les êtres vivants, et elle se commence avec la plante. La plante, en tant qu'elle croît, qu'elle se reproduit, se meut d'elle-même et vit. — Elle fait entendre, dit saint Denis l'Aréopagite, la dernière résonnance de la vie. — C'est pour alimenter cette vie, pour la développer, qu'elle entre en communion avec la nature, qu'elle l'attire à elle, qu'elle tend à l'absorber. Elle communie à la terre où plongent ses racines et dont elle boit les sucs, à l'air qui l'enveloppe et qu'elle respire, à la rosée qui tombe du Ciel et qui perle sur ses feuilles et ses corolles, à la lumière des astres, à leurs aurores et à leurs couchers. Elle introduit dans l'intérieur de son organisme les éléments des êtres avec lesquels elle entre aussi en contact et, les transformant, elle les fait siens, elle en alimente sa vie. C'est ainsi qu'elle se forme, c'est de là qu'elle tire son mouvement, son activité, tout ce qu'elle est. L'arbre, avec ses branches, ses feuilles, ses fleurs, ses fruits, ressemble à un rayon de miel que façonnerait une abeille invisible en le composant de tous les éléments de l'Univers.

Le troisième degré de vie et de communion, c'est celui de l'être sensitif. L'animal et l'homme ici-bas se partagent la vie sensitive. Or, cette vie s'alimente encore, mais d'une communion beaucoup plus haute et plus merveilleuse que celle de la plante. Le corps inanimé, nous venons de le voir, reçoit sa forme et son mouvement des choses sans les pénétrer lui-même ; l'être végétatif les pénètre et s'en pénètre plus intimement, puisqu'il absorbe leurs éléments. Cependant, si tu veux y réfléchir, tu verras que cette communion, toute profonde qu'elle est, n'atteint que très imparfaitement le monde et les choses. Ce qui fait un être, ce ne sont pas les éléments qui le composent, c'est sa *forme* ; ce qui fait l'homme c'est la forme humaine ; ce qui fait l'animal, le végétal, le minéral lui-même, c'est la forme

particulière par laquelle chacun de ces êtres se distingue des autres. La plante n'attirant dans la cir-
culation de sa vie que les éléments des choses et du
monde ne communie donc ni aux choses ni au
monde. Elle atteint les composants de cet Univers
et des êtres qu'il contient, mais elle reste en dehors
de leur *forme.* Or c'est précisément cette communion plus haute aux choses elles-mêmes qui se commence chez les êtres sensitifs. Voir, entendre, odo-
rer, goûter, toucher, tels sont les actes de la vie
sensitive. Dans chacun de ces actes le vivant entre
en rapport non plus avec des éléments mais avec
des formes et des qualités. Par le toucher il perçoit
les qualités de dureté, de douceur, de résistance
des corps ; par le goût il perçoit leurs saveurs · par
l'odorat leurs odeurs ; par l'ouïe leurs sons ; par la
vue enfin leurs couleurs et leur forme externe.
L'être sensitif soulève comme à demi le voile de la
nature et commence de l'entrevoir. La lumière,
l'espace, la figure de la terre et des cieux, les lignes
de l'horizon, le dessin des montagnes et des plaines,
des mers et des fleuves se montrent à lui. Il voit les
êtres, il entend leurs voix, leurs cris ou leurs chants,
il respire leur parfum, il les sent, les goûte, jouit
d'eux de mille manières. Telle est sa vie infiniment
plus étendue que celle de la plante, infiniment plus
pure et plus profonde, et telle est la nourriture, l'aliment de cette vie, ce sont les qualités et les formes
des choses.

Enfin j'arrive à l'intelligence et à ce pain de la
vérité qui en est l'aliment. Dans la vie de l'intelligence s'achève et se consomme la loi de communion

que nous avons vu ébauchée chez les êtres inférieurs. — « La nature, a dit un philosophe allemand, tend à l'esprit. » Cela est vrai dans ce sens que les lois de la nature ont leur couronnement dans les lois de l'esprit. En effet, l'intelligence, pour vivre, doit, comme le corps, se nourrir, et c'est de cette nutrition qu'elle tire son développement et sa fécondité. Or, aussi bien que les êtres inférieurs, elle se nourrit par une communion au monde. Une seule chose, je le répète, la distingue d'eux : c'est sa mesure, c'est son mode de communion, qui est plus élevé, plus pur, plus immatériel et partant plus étendu et plus profond. Le pain de l'intelligence, ce n'est plus l'aliment grossier dont se nourrit la plante ; ce n'est pas davantage cette forme externe des choses qui alimente la sensation ; son pain, c'est un objet plus dégagé encore de la matière et de ses divisions, c'est l'*être*, considéré indépendamment de tout lieu, de tout temps, de toutes limites. Qu'un homme, par exemple, se présente devant moi, pendant que mes sens ne verront que sa forme externe, son visage, ses membres, sa chair, etc., mon intelligence verra *qu'il est* et *ce qu'il est*, c'est-à-dire, elle saisira *son être*. Si vous l'interrogez sur ce qu'elle voit, elle vous répondra : Ce que je vois *est* un homme, *est* un être raisonnable. Tel est l'objet qu'en tout elle saisit, c'est l'*être* et c'est là son pain immatériel. C'est en le recherchant, en le recueillant, en quelque sorte, dans les choses qu'elle communie et qu'elle vit. Et quelle merveilleuse vie, quelle merveilleuse communion que la sienne ! L'être s'étend à tout, aux réalités immatérielles comme aux réalités matérielles, aux choses invisibles comme aux choses visibles, il embrasse le fond aussi bien que la surface des choses. L'intelligence en le saisissant perçoit donc et en même temps pénètre tout entièrement. Elle perçoit à sa manière et en tant qu'ils sont de l'être, les éléments des corps ; à travers les éléments, elle perçoit la forme qui les lie, qui en compose la trame ; derrière la forme externe et apparente elle perçoit la forme interne et cachée qui constitue proprement l'essence du corps ; au-dessus des formes particulières elle atteint la forme générale, le type unique qui les synthétise ; au-dessus des phénomènes multiples et passagers elle voit les lois immuables ; dans le nombre elle perçoit l'unité ; enfin, grandissant toujours, elle s'élève jusqu'à l'unité suprême, à la syntèse suprême enfermant tout l'être. Tandis que le sens ne soulève qu'à demi le voile de la nature, l'intelligence le déchire en entier et contemple l'Univers dans tout ce qu'il est et dans tout ce qu'il contient. Elle est comme la bouche de l'esprit ouverte sur l'infini pour l'embrasser. Tels sont les modes d'être et de vivre des choses et tel est en particulier celui de l'intelligence. Comprends-tu maintenant comment j'ai pu dire qu'une même loi de nutrition préside à la vie de tous les êtres et que tous sont assis et prennent part au même banquet universel ?

LE DISCIPLE.

Oui, je le comprends, et c'est pour moi un spectacle merveilleux. C'est une chose admirable que cette unité des lois de la nature et de l'esprit. Ce concert des êtres, depuis l'atome inanimé jusqu'à l'intelligence, assis à la même table, mangeant le même pain qui leur est servi sous des formes différentes, buvant à la même coupe le vin généreux qui les fait vivre, les uns n'en pouvant prendre que quelques gouttes, d'autres l'absorbant par gorgées, les plus forts enfin vidant la coupe entière, me montre l'univers sous un aspect nouveau et grandiose que j'étais bien loin de soupçonner. C'est le mystère de la vie, caché aux yeux du vulgaire, mais qui se révèle sublime à la pensée du philosophe.

LE MAITRE.

Si tu as saisi ces choses, il ne doit pas t'être difficile d'admettre aussi l'idée que je t'exprimais tout à l'heure et qui a amené ces réflexions, à savoir que chercher la vérité c'est, pour l'esprit, s'avancer vers la vie. Qu'est-ce que la possession de la vérité sinon la connaissance de l'être par l'intelligence? Et qu'est ce que cette connaissance sinon ce mystère même de communion et de vie dont nous parlons? Oui, je ne saurais trop le redire, la vérité est le pain de l'esprit et conséquemment elle est sa vie. Et tout cela n'est point métaphorique, c'est réel. La plante vit des éléments qu'elle absorbe, elle les introduit dans ses tissus, elle construit son organisme, elle leur emprunte leur vertu. C'est à eux qu'elle doit tout à la fois sa force et sa fécondité. L'être sensitif fait de même : il introduit dans son fond, dans son imagination, dans sa mémoire, les formes des choses qu'il a connues et ce sont elles qui composent sa vie. Elles font naître ses sentiments, ses passions, elles le meuvent, elles déterminent toutes ses actions. Eh bien, une loi semblable préside à la vie de l'intelligence. Pour elle, saisir la vérité c'est concevoir les idées des choses. Ces idées, elle les recueille donc, elle les introduit, elles aussi, dans son fond et elles deviennent aussitôt, pour elle, un principe de vie et de mouvement. La vérité, une fois entrée dans l'âme, la pénètre, la remue tout entière.

LE DISCIPLE.

La vérité est lumière. Que peut-elle faire autre chose que d'illuminer ?

LE MAITRE.

Elle fait bien davantage, non seulement elle illumine, mais elle fortifie, elle meut, en un mot, elle anime. Il ne peut point y avoir, dans un esprit quelconque, un seul mouvement de vie sans elle, et la vie qui y existe est toujours proportionnée à l'étendue et à l'intensité de sa lumière. L'*être* peut se présenter à l'esprit sous trois formes différentes, sous la forme de vérité, sous la forme de bonté, sous la forme de beauté. Perçu comme vrai, il illumine l'intelligence, il lui apporte la manifestation de la réalité. Il joue dans l'âme le rôle que le soleil, par sa seule lumière, joue dans le monde. Mais cet être, vu d'abord comme vrai, peut être considéré comme bon. Alors il agit sur la volonté, sur le cœur, et y éveille les désirs. L'objet de l'amour, c'est ce qui est bon, et le bien repose sur la vérité comme la vérité elle-même repose sur l'être. Voilà donc un nouveau mode d'action de la vérité sur nous, elle meut le cœur comme elle a mû d'abord l'intelligence.

Le cœur en mouvement meut tout l'être et le porte vers l'objet aimé. Enfin l'être et le vrai se peuvent présenter à nous sous une dernière forme, la plus haute de toutes : sous la forme de beauté. « Le beau, a dit Platon, c'est la splendeur du vrai ? » La beauté est à la fois l'objet de l'esprit et celui du cœur. Elle ravit l'esprit qui la contemple, elle le met à l'état d'extase, elle le fait sortir de lui-même pour voler après elle. Elle éveille aussi dans le cœur l'amour. Qu'y a-t-il de meilleur à aimer et à posséder que la beauté ? Elle émeut donc et elle fait tressaillir l'âme entière. Comme la lyre d'Éolie qui, sous les souffles du Ciel, rendait des sons harmonieux, comme la statue de Memnon qui frémissait au soleil levant, l'âme résonne sous le souffle pur de ce qui est beau, elle frémit à l'apparition de l'idéale vision qui se lève et monte au dedans d'elle-même. Telle est, en résumé, cette vie dont la vérité est la première source.

LE DISCIPLE.

Maintenant, Maître, je crois avoir saisi toute votre pensée. Pour nous, vivre, c'est communier par l'esprit à cette vaste et profonde nature, à ce vaste et magnifique univers qui, étant plein d'être, est aussi plein de vérité. C'est y communier et l'absorber en soi sous cette forme du vrai qui est l'objet propre de l'intelligence. En pénétrant en nous de cette sorte, en apportant au sein de nous l'être des choses, la vérité y apporte aussi leurs qualités de bonté ou de beauté, leur mouvement et leur vie. Par là elle nous remplit de tout ce qui est et elle

nous fait vivre de la vie de la nature. En y réfléchissant, en effet, on voit que c'est précisément dans ce
phénomène de la nutrition, tel que vous venez de
le décrire, que le monde et les êtres vivants se rencontrent. C'est dans ce phénomène que l'un se
reproduit et vit dans les autres. La plante rencontre
le monde et son mouvement harmonieux dans l'élé-
ment dont elle se nourrit, et c'est ce contact qui la
meut et la forme. L'être sensitif, à son tour, entre
en communion avec l'univers dans les formes et les
impressions qui affectent ses sens ; c'est à la faveur
de cette communion qu'il vit, c'est par là qu'il est
lui-même pris et emporté dans la ronde universelle
des choses. Enfin l'intelligence et les réalités visibles et invisibles se compénètrent dans la vérité
perçue et c'est de cette compénétration que pro-
cède toute la vie, toute la formation de l'âme.

LE MAITRE.

Oui, c'est là ma pensée, nous ne vivons pas de
nous-mêmes, mais du monde auquel nous communions, soit par le corps, soit par l'esprit. C'est la vie
et le mouvement des choses qui, se réfléchissant en
nous, alimentent notre propre vie. Cependant, nous
n'avons pas encore pénétré ce mystère tout entier.
La communion au monde n'est pas seule le principe
de la vie de notre âme, elle n'en est même pas le plus
important. Il y a une communion plus haute dont
il faut que nous parlions aussi. En effet, au-dessus
du monde visible ou invisible, il y a Dieu ; au-dessus
de l'être créé, corps ou esprit, il y a l'être incréé,
principe mystérieux du corps et de l'esprit ; au-

dessus de la vérité partielle et dérivée qui correspond à la créature, il y a la vérité totale, la vérité,
source des autres, qui correspond à l'Être divin. Si
tout être puise sa vie dans une communion à la
nature, combien, à plus forte raison, la puiserait-il
abondante s'il pouvait entrer en communion avec
Dieu. La nature ne peut donner d'autre mouvement
et d'autre vie que ceux qu'elle possède, c'est-à-dire
un mouvement et une vie limités, soumis au temps
et à l'espace. Mais Dieu, qui est éternel et infini,
peut donner une vie éternelle et infinie. C'est pour
cela qu'il est écrit : « La vie éternelle consiste à vous
connaître, vous qui êtes le seul vrai Dieu ! » En conséquence, tu dois songer qu'il y a pour ton esprit
une communion et une vie plus hautes que celles
qui consistent dans la connaissance de la nature, il
y a la communion et la vie qui consistent dans la
connaissance de Dieu. Le mouvement de l'esprit
humain, dans la recherche de la vérité, ne doit point
se borner dans l'étude de la création, il faut de toute
nécessité qu'il remonte à Dieu, sans quoi l'âme
n'achève pas sa marche, elle n'arrive pas à la vie
véritable.

LE DISCIPLE.

Ce que vous dites, maître, est certainement très
juste. S'il est vrai que communier à la nature c'est
déjà vivre, communier à Dieu lui-même, ce serait
arriver à la plénitude de la vie. Mais, une pareille
communion est-elle possible ? La nature, nous l'avons
devant nous, nous sommes en contact avec elle par
tout notre être et par tous nos sens, nous la voyons,
nous l'entendons, nous respirons son parfum, nous

goûtons sa saveur, nous la touchons, nous sommes
plongés en elle tout entiers. Mais Dieu, où est-il?
N'est-il pas infiniment éloigné de nous, absolument
caché à nos regards, inaccessible à nos étreintes?
Quel être créé pourra jamais entrer en contact avec
lui et communier à son être et à sa vie?

LE MAITRE.

« Dieu n'est éloigné d'aucun de nous. Car nous
vivons en lui, nous nous mouvons en lui, nous sommes en lui. » Ce sont les propres paroles du grand
apôtre saint Paul. Nous ne saurions exister hors de
Dieu, qui est la source de l'être. Il est donc nécessaire que nous soyons plongés et que nous vivions
dans son sein. Et toute la création avec nous est en-
veloppée de son être et de ses rayons. Ainsi, ne disons
pas que Dieu est loin de nous, il nous entoure de
toutes parts comme l'océan entourerait un brin
d'herbe dans ses gouffres sans fond. Il est vrai que,
quoique contenus ainsi en lui, nous ne le saisissons
pas, nous recevons de lui tout ce que nous sommes,
nous ne communions cependant pas, par nous-mêmes, à son être. Nous sommes le rayon qui s'échappe
du foyer, le ruisseau qui coule de la source sans
connaître leur point de départ, sans en avoir aucune
conscience. Et, qui plus est, nous, ce n'est pas loin
de notre foyer et de notre source que nous nous
écoulons, c'est dans son sein. En procédant de
Dieu, nous demeurons en lui, et pourtant nous
l'ignorons et nous ne sentons pas ce sein vivant qui
nous porte. Quel mystère! Quelle infirmité n'est
pas la nôtre! Quelle n'est pas la faiblesse de notre
intelligence et de nos pensées!

Toutefois, est-il réellement impossible à la créature de communier à Dieu lui-même, de se retourner, pour ainsi dire, vers ce sein dont elle est sortie et qui la porte, pour y puiser une vie nouvelle? Non ! Dieu, au contraire, nous a faits pour cette vie plus haute et il ne cesse de nous y attirer. Déjà, sans le savoir, nous communions à lui dans la nature. Lui-même, il se donne à ses créatures dans ce banquet universel qui est le monde et il se fait le pain de toutes. En effet, il y a dans chaque être que nous pouvons saisir ici-bas, une participation de Dieu. « L'être des créatures, a dit saint Denis l'Aréopagite, c'est ce qui y reste de la divinité. » De sorte que, quand nous cherchons une créature, sous une forme quelconque, c'est au fond Dieu que nous cherchons. Saint Thomas d'Aquin va même jusqu'à dire que toutes les créatures, dans tous leurs mouvements, cherchent Dieu. — « Tout être, écrit-il, se meut naturellement vers son bien, vers ce qui, pour lui, est bon. Or, aucune chose n'est bonne et ne peut être dite un bien qu'autant qu'elle participe de la bonté de Dieu et qu'elle en est comme un rayon. Ce sont donc, pour ainsi dire, les rayons de Dieu que tous les êtres cherchent dans les biens particuliers vers lesquels ils se meuvent. Par conséquent, au fond c'est Dieu lui-même. » Quand nous cherchons un rayon de soleil, nous disons que nous cherchons le soleil. Ainsi, ici-bas, tous les êtres, en cherchant les rayons de Dieu qui sont les créatures, cherchent Dieu.

Voilà donc une première communion de la créature à Dieu, c'est la communion dans la création

elle-même. Dans le livre des Proverbes il est écrit :
— « La sagesse a bâti une maison, elle a dressé la
table, elle a mêlé le vin et immolé les victimes et
elle a envoyé ses serviteurs appeler les convives. »
Ce texte, auquel on donne ordinairement un sens
tout spirituel, peut aussi s'entendre d'une manière
naturelle. — La maison bâtie c'est l'Univers, la table
dressée c'est la terre où nous sommes ; Dieu y a
mêlé le vin, c'est-à-dire l'esprit et la matière, le
divin et l'humain, l'incréé et le créé. Lui-même, il
s'y distribue, pour ainsi dire, à ses créatures sous
des formes finies. — Et il a envoyé ses serviteurs
appeler les convives. Les convives appelés par la
sagesse divine, ce sont tous les êtres. Tous les
êtres sont assis à la table de Dieu, et ils mangent
cette chair des victimes, ils boivent ce vin mêlé qui
leur sont offerts. Et ils communient tous chacun à
leur manière. L'atome, le brin d'herbe, la fleur des
prés, le grand arbre des forêts communient. Ils
communient, comme je l'ai déjà dit, à la terre où
plongent leurs racines, à l'air et à l'espace où
s'étendent leurs branches. Au-dessus d'eux, les animaux de toutes sortes, les bêtes des forêts, les
oiseaux de l'air, les poissons de la mer communient
aussi. Ils communient à toute nourriture, au lait
dont leur mère les abreuve dès qu'ils sont nés, au
grain de blé qu'ils ramassent dans le sillon, à l'eau
claire des fontaines. Enfin, les intelligences elles-
mêmes communient, non pas à un aliment matériel,
mais au pain immatériel de la vérité, Et, dans tous
ces biens qui ne sont que des similitudes de Dieu,
des rayons de sa bonté, tous ces êtres, en réalité,

communient à Dieu. Les poètes comparent le monde et la vie à un banquet :

Au banquet de la vie, infortuné convive,
J'apparus un jour et je meurs !

Or, j'ose le dire, c'est plus qu'un banquet, c'est une communion religieuse et sacrée. C'est une communion imparfaite, sans doute, dans laquelle Dieu n'est pas reçu directement lui-même, comme il l'est dans la communion eucharistique et comme il le sera un jour dans l'éternel banquet, mais ce n'en est pas moins une communion véritable. Et la joie, le tressaillement intime que chaque être éprouve d'exister et de vivre, le son, le cri, le chant qu'il fait entendre, les vastes symphonies qui retentissent dans la nature entière, ne sont que l'hymne de louanges, d'actions de grâces, que la création fait monter naturellement vers son Créateur.

LE DISCIPLE.

Vous m'aviez déjà montré la création sous l'aspect d'un banquet magnifique offert par Dieu et dans lequel les êtres, assis à la même table, communiaient les uns aux autres et vivaient de leur mutuelle communion. Mais voici un point de vue nouveau, ce n'est plus la créature seule, c'est aussi le créateur qu'ils atteignent, qu'ils saisissent inconsciemment, auquel ils communient les uns dans les autres. L'Univers présente ici un spectacle inattendu : on dirait un temple immense rempli de la foule innombrable des fidèles, recueillis et attentifs aux mystères sacrés. Je l'avoue, du reste, nulle idée mieux que celle-ci, ne répond au sentiment que j'éprouve devant la nature, à l'impression qu'elle m'a toujours faite quand je me suis trouvé, si j'ose ainsi parler, seul en face d'elle, enveloppé de son silence, inondé de ses clartés, dans le ravissement des spectacles merveilleux qu'elle offre aux regards. Ce monde avec ses mers immenses, ses fleuves, ses plaines, ses montagnes, ses lacs, son ciel radieux, le jour éclatant de lumière, la nuit parsemée d'étoiles, éveille évidemment dans l'âme de celui qui le contemple autre chose que l'idée d'un groupement banal d'êtres matériels et grossiers, qui y vivent un jour sans conscience d'eux-mêmes et des motifs pour lesquels ils y sont venus et pour lesquels ils s'en vont. La pensée qu'il fait naître, c'est celle d'une demeure, d'un monument admirable, d'un temple sacré, construit par une main invisible, et que remplit la majesté de Dieu. Ce temple est silencieux, recueilli, les bruits qui s'en élèvent sont des chants et des hymnes ; nous seuls nous y apportons le trouble. Mais celui qui, y entrant, laisse de côté ses mesquines préoccupations humaines, fait taire ses passions et s'abandonne tout entier aux impressions qu'il en reçoit, celui-là se sent aussitôt meilleur, plus pur, son âme s'élève, des actes d'adoration et de prière se forment naturellement en lui, quelque chose de plus grand que lui, de plus grand que son esprit et que sa pensée, l'envahit, il éprouve enfin, sans bien s'en rendre compte, la vérité de cette belle doctrine que vous venez d'enseigner, il entre en communion avec ce grand Dieu qui, étant invisible et insensible par lui-même, s'est rendu visible et sensible dans cet Univers, en l'habitant et en le remplissant.

LE MAITRE.

Oui, cet univers est bien ce que tu dis, un temple admirable rempli de Dieu et où toute créature le rencontre. Cependant, cette communion des êtres à Dieu dans la nature n'est évidemment qu'une communion très imparfaite. Ce n'est qu'un commencement de communion qui ne peut engendrer qu'un commencement de vie. Si nous atteignons Dieu dans la création, pourquoi ne l'atteindrions-nous pas en lui-même directement ? C'est là seulement que doit se trouver le terme du mouvement de l'esprit; c'est seulement dans cette communion immédiate à l'éternel qu'il peut puiser l'éternelle vie. Ici il faut établir une différence profonde entre l'être spirituel et l'être matériel. Les créatures inconscientes, irréfléchies ne peuvent pas savoir que c'est en réalité Dieu lui-même, source de toute bonté, qu'elles trouvent au fond de tout. Mais l'intelligence qui des effets remonte aux causes, qui sous les phénomènes apparents saisit les lois invisibles, le peut parfaitement. Il lui est très aisé de voir que l'être, la vérité, la bonté, la beauté, qu'elle découvre dans la création, dérivent d'un premier Être, d'une première Vérité, d'une première Bonté, d'une première Beauté. Là où les créatures communient à Dieu sans en avoir conscience, sans pouvoir le réfléchir, elle le peut faire consciemment et d'une manière réfléchie. C'est déjà posséder sur elles une supériorité infinie. Mais, arrivée à ce point de con-

naître nettement Dieu dans la création, s'arrêtera-
t-elle ? Se contentera-t-elle de le voir dans ce
miroir des créatures et n'éprouvera-t-elle aucun
désir de le contempler en lui-même ? Qui l'empêchera, laissant de côté ce monde créé, qui n'est
qu'un signe et un symbole, qui n'est que son ombre
projetée dans le temps et l'espace, de se retourner
vers le Créateur pour chercher à le saisir lui-même
dans la mesure de ses forces ? L'aigle, quand il a
embrassé du regard la nature inondée de lumière,
ne se retourne-t-il pas vers le soleil pour le contempler à son tour ? Et pourquoi l'intelligence ne ferait-
elle pas de même, ne s'élèverait-elle pas de la vision
du créé à la contemplation immédiate du Créateur ?
C'est ce qu'a rêvé Platon : « Mais, s'écriait-il à la
fin d'une longue dissertation sur la marche de l'intelligence dans la vérité, ne peut-on pas parvenir à
voir, non plus l'image, mais le vrai en lui-même ?
Ne peut-on pas, quand on est arrivé par la Dialectique, à la vue des fantômes divins et des ombres
de ce qui est, juger que ces ombres et ces images
sont produites par un soleil qui leur correspond ?
Oui, on le peut ; on peut arriver à la vue de l'être
suprême parmi les êtres ; on peut arriver à ce dernier sommet de l'intelligible ; on peut saisir le bien
essentiel lui-même ; on peut arriver à la vue du sou-
verain bien ; on le voit difficilement, mais on peut, on
doit le voir ! » Ce rêve de Platon est le rêve naturel de
toute intelligence vraiment élevée et vivante. Nature
immatérielle et immortelle faite pour la contemplation de l'être, elle ne saurait s'arrêter dans la
simple connaissance des choses matérielles et péris-

sables. Il faut qu'elle remonte à ce qui *est* d'une
façon immuable, à la vérité sans ombre et sans
déclin; il faut en un mot que, de la créature, elle
s'élève jusqu'à Dieu lui-même. La science de l'u-
nivers, la science d'elle-même, ne peuvent être ici
qu'un chemin, qu'une suite de degrés qui la con-
duisent à ce sommet sublime. C'est là seulement
que peut s'arrêter son mouvement d'inquisition de
la vérité, c'est là qu'elle trouve le repos final, là
enfin qu'elle arrive à la vie véritable, là qu'elle se
plonge dans ses sources profondes et éternelles.

LE DISCIPLE.

Je comprends que l'intelligence humaine, saisissant dans les effets créés la cause incréée, ne peut
s'empêcher de désirer de la connaître et de la voir.
Ce doit être là, comme le dit Platon, le terme de la
Dialectique, le sommet où s'achève la marche de
l'esprit dans la vérité. Et, comme vous le dites
vous-même, cette communion de l'esprit avec le
premier être, la première vérité, la première beauté,
doit constituer l'acte de vie suprême. Mais mon
objection de tout à l'heure me revient ici involon-
tairement : Comment saisir Dieu? Que nous l'attei-
gnions dans la création, cela n'offre pas de diffi-
culté. Nous avons quelque chose à notre portée :
la créature que nous touchons, que nous prenons
dans nos mains, comme une coupe dans laquelle
Dieu nous verse le vin délicieux de sa connaissance.
Mais s'il s'agit de l'atteindre, de le voir en lui-même,
quel moyen avons-nous, comment pourrons-nous
y parvenir?

LE MAITRE.

Si nous avons déjà, dans la création, un moyen d'atteindre Dieu, pourquoi n'en aurions-nous pas un de l'atteindre directement en lui-même? Notre intelligence est faite pour le voir et le posséder, force est donc qu'elle puisse y parvenir un jour. Ce moyen, je ne te le cache pas, est mystérieux, difficile à connaître. Ce n'est pas en quelques mots que je pourrai te l'indiquer. Il nous faut prendre le temps de le chercher et de le découvrir tout à notre aise. Déjà notre entretien d'aujourd'hui s'est prolongé peut-être outre mesure. Je te propose donc de renvoyer cette étude pour une prochaine causerie. Contente-toi, pour le moment, de graver en ton cœur ces quelques pensées : Ton esprit est fait pour la vérité, c'est-à-dire pour la connaissance de l'être. Dans cette vérité est la vie de ton âme. Mais cette vérité et cette vie elles-mêmes tu ne les peux posséder pleines qu'en t'élevant, à travers les créatures, jusqu'à Dieu.

LE DISCIPLE.

Oui, Maître, je retiendrai cette grande leçon !

Paris, imp. A. Quelquejeu, rue Gerbert, 10